PETITES

ANNALES D'ANNECY

(1598-1628)

PUBLIÉES ET ANNOTÉES

PAR

Fr. MUGNIER

Conseiller à la Cour d'appel de Chambéry.
Vice-président du Comité d'inspection de la Bibliothèque publique
de Chambéry, etc.

PRIX : 1 FRANC

ANNECY

IMPRIMERIE DE FRANÇOIS ABRY

—

1885

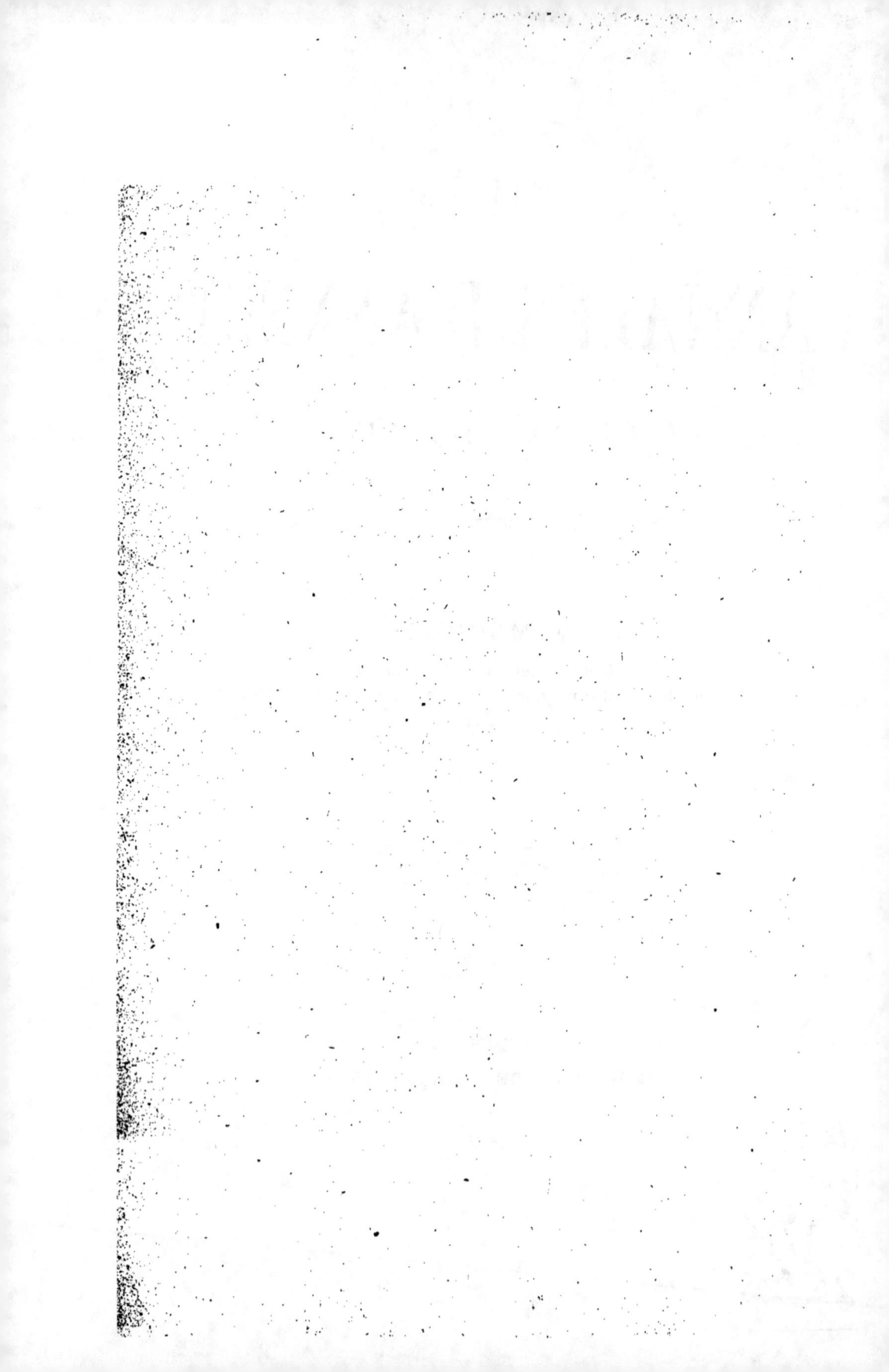

Dédié a la Ville d'Annecy

Ancienne capitale du duché de Genevois,

Chef-lieu du département de la Haute-Savoie.

TIRÉ A 250 EXEMPLAIRES NUMÉROTÉS

*N*o ....

PETITES

ANNALES D'ANNECY

(1598-1628)

PUBLIÉES ET ANNOTÉES

PAR

Fr. MUGNIER

Conseiller à la Cour d'appel de Chambéry,
Vice-président du Comité d'inspection de la Bibliothèque publique
de Chambéry, etc.

ANNECY

IMPRIMERIE DE FRANÇOIS ABRY

—

1885

PETITES ANNALES D'ANNECY

(1598-1628)

La Bibliothèque publique de Chambéry possède un vieil exemplaire des *Statuta Sabaudiæ* imprimés à Turin, en 1487 (1), et paraissant avoir appartenu à un procureur au Conseil de Genevois appelé de Latour. Avant de devenir sa propriété, le volume, noirci par l'usage, avait passé dans plusieurs mains. Vers la fin du XVIᵉ siècle, il était échu à un homme

---

(1) L'éditeur est *Jacobinus Suicus* qui, dans sa dédicace au comte Pierre Care, se dit le plus humble des imprimeurs : *inter litterarum impressores minimus.*

Cet ouvrage a déjà été signalé, ainsi que le manuscrit, dans le travail de M. Barbier sur la Bibliothèque de Chambéry, inséré au tome IX, p. 173, des Mémoires de l'Académie de Savoie ; il est suivi des Statuts du duc Charles II, imprimés à Genève par Louis *Cruse : impressa fuerunt supra scripta noviter edicta in florentissima Gebennensi civitate per Ludovicum Cruse in eadem impressorem, anno dni currente M.CCCCCXIII et die XXIX octobris. De mandato illust. ac reverendissimi in cro fraris dni D. Jo (Joannis VII) de Sabaudia epi. et principis dicte civitatis.*

de loi qui avait dû en faire réparer la couverture. Il avait profité de cette circonstance pour y ajouter un certain nombre de feuilles blanches destinées à recevoir une table des matières et des notes de jurisprudence ; et, en effet, la première page est occupée par la mention d'un arrêt du Sénat de Savoie du 7 mars 1598. Puis il renonça à écrire ces notes et consacra son papier au récit, tantôt succinct, tantôt détaillé, des évènements qui se passaient à Annecy sous ses yeux.

Il rédigea pourtant sa table des matières. Ce travail de trente-neuf pages, fait par ordre alphabétique, et qui est de la même main que la chronique, prouve à n'en pas douter que notre annaliste était un homme de loi, — avocat, procureur ou greffier, — attaché au Conseil de Genevois, et possédant des connaissances juridiques assez étendues.

Entre ces trois professions, nous croyons devoir lui attribuer celle de *greffier,* parce que, outre la note relative à l'arrêt de 1598, où il paraît regretter que le Sénat ait statué contre les privilèges du duc de Genevois et de son Conseil, nous le voyons, entre la fin de 1602 et le 23 septembre 1605, inscrire sur son cahier une nouvelle forme de *relief* donnée par le Sénat de Savoie au Conseil de Genevois.

Les lettres de relief (ou *relief d'appel*) étaient des lettres de petite chancellerie autorisant à faire assigner ou intimer pour procéder sur l'appel qu'on avait interjeté d'une sentence. Elles étaient écrites par le greffier ; d'où la conséquence naturelle que la personne qui a pris le soin de copier la nouvelle formule sur son cahier de notes était celle qui devait s'en servir : *ille fecit cui prodest*. Dans la description des cérémonies auxquelles assistent les corps judiciaires d'Annecy, notre annaliste indique toujours la présence des greffciers civil et criminel.

Nous lisons enfin sur la feuille blanche qui précède le texte des STATUTA cette sentence placée en épigraphe :

ENDURER, PARDONNER, DURER.

Et au-dessous la signature GArnier, qui a été effacée plus tard.

Cette devise convenait bien à un greffier d'alors, modeste employé subissant parfois les rebuffades des gens plus haut placés, mais voyant se succéder présidents, avocats-fiscaux et juges, et leur survivant toujours dans le Siège.

L'orthographe, qui n'était pas d'ailleurs fixée à cette époque, est assez défectueuse ; les mots sont surchargés de consonnes indiquant l'étymologie latine. Le style est médiocre, mais il faut se rappeler qu'il ne s'agit parfois que de simples notes. Dans les récits détaillés, tels que ceux des funérailles d'Anne d'Est, du sacre et de la sépulture de saint François de Sales, on trouve un certain ordre. Il semble même que l'annaliste s'est inspiré de certaines parties de la *Satyre Ménippée*. Les différentes pièces qui ont été rassemblées sous ce titre avaient paru à Paris et à Turin en 1594. Elles avaient produit une grande sensation ; mais nulle part plus vive, sans doute, que dans le petit Annecy, cette capitale du duché de

Genevois, apanage des ducs de Nemours, qui jouèrent un si grand rôle dans les troubles de la Ligue.

Il est même assez piquant que, pour raconter les pompes de la sépulture d'Anne d'Est, la veuve de François de Guise et de Jacques de Nemours, notre chroniqueur ait employé les expressions dont on s'était servi pour tourner en ridicule celle qu'on avait appelée la *Royne Mère*, à cause des prétentions de ses fils, Mayenne et Henri de Savoie, et de son petit-fils de Guise, à la couronne de France. Le pamphlet avait dû pénétrer rapidement dans l'Apanage; et, à coup sûr, les coffres de Henri IV et de sa suite en contenaient quelques exemplaires, lors du voyage d'Annecy en 1600.

En 1884, nous avons extrait, pour la *Revue savoisienne*, quelques passages de cette petite chronique et nous en avons publié d'autres extraits dans le Bulletin des Mémoires de la Société savoisienne d'histoire et d'archéologie (tome XXIII) et dans notre livre : *Saint François de Sales, docteur en droit, avocat, sénateur*. Depuis lors, M. Louis Pillet en a donné le texte en entier dans le tome X (3e série) des Mémoires de l'Académie des sciences, lettres et arts de Savoie ; mais sans ajouter des notes au récit assez clair par lui-même, dit-il, et qui se réfère à des évènements suffisamment connus de tout le monde.

Nous avions pensé autrement. Il nous avait semblé qu'il serait bon d'indiquer par des notes assez nombreuses les évènements d'où découlaient ou bien auxquels se rattachaient les faits rapportés.

En dehors de quelques érudits, il y a peu de per-

sonnes qui soient assez familières avec l'Histoire de
Henri IV, celle des ducs de Genevois-Nemours et du
Sénat de Savoie, les biographies de Claude de Granier
et de saint François de Sales pour pouvoir, sans re-
cherches préalables, compléter les lacunes de nos *pe-
tites annales*.

Comme préambule, disons ici que le 10 octobre
1513, le duc de Savoie, Charles II (1), se trouvait à
Annecy avec son conseil et les juges de ses différentes
possessions, et que c'est dans cette ville qu'il donna
les statuts qui furent imprimés à Genève dix-neuf
jours après (2). Ce n'est que le 14 août de l'année
suivante qu'il donna en apanage, à son frère Philippe,
le comté de Genève et les baronnies de Faucigny et de
Beaufort ; l'on remarquera cependant qu'en bas du
nouveau règlement publié à Annecy le 10 octobre
1513, Philippe est déjà appelé *comte,* alors que, dans
l'acte de concession de l'apanage, il est toujours dé-
nommé simplement *dominus Philippus* (3).

Les membres du conseil ducal qui apposèrent leurs
noms au bas du règlement sont :

Illus. Philippe de Savoie, comte de Genevois *(comes
geben)*, ill. François de Luxembourg, vicomte de
Martigues, R. Jean de Savoie, évêque de Genève,
Bernardin de Savoie, seigneur de Pancalier, Urbain
de Miolans, élu de (l'évêché de) Valence ; Jean de la

---

(1) Il est désigné maintenant sous le nom de Charles III, parce
que l'on a donné le nom de Charles II à Charles-Jean-Amédée, duc
de Savoie de 1490 à 1496.

(2) Voir la note à la page 5.

(3) Duboin. *Raccolta delle leggi,* t. XXIV. p. 206 et suiv.

Foret (de Foresta), prévôt de Montjoux, Charles de
Montbel, comte d'Entremont, Antoine de Gingins,
seigneur d'Yvonne, président, Louis, seigneur de
Dérée, président de Savoie, Bernardin Parpalia, président de Piémont, Angellin de Puanis, président patri-
monial, Charles de la Chambre, seigneur de Seimorenc
(Seimoyraci), François de Mareschal, seigneur de Mexi-
mieu, François de Duin, seigneur de Chateauvieux,
grand écuyer, Jacques Chabo, seigneur d'Escheraine,
François de Puanis, coseigneur de Lagneu (de Lay-
nici), Jérôme de Agaciis, Angellin de Pontverre, président de Genevois, Jean Fr. Balbi, Pierre Favre,
juge du Chablais, Jean de Mareschal, juge de Savoie,
Claude de Pougny (de Pougniaco), juge de Faucigny,
Jean-Louis Luyset, de Luyset, juge de Bugey, Scipion
Cara, docteur en droits, Hugon de Balme, ou de la
Balme, maître d'hôtel. Contresigné Vulliet, et encore
Savinis.

ANNALES

—⊰⊛⊱—

DÉCISION DU SÉNAT DE SAVOIE RELATIVE AUX APPELS

EN MATIÈRE CORRECTIONNELLE.

« Le 7 mars 1598 a esté rendu arrest par le Souverain Senat de Savoye entre Gaspard Gavard (1) appelant du S^r juge de Thiez (2) au Conseil de Genevois et du dit Conseil au Sénat par lequel arrest le dit jaquier fust condamné a estre pendu et étranglé et par les susdites sentences havoit esté tant seullement condamné en galeres et parce que le premier juge lhavoit condamné en galeres seullement pour cinq ans le procureur fiscal du dit Genevois se porte devant ? pour appeler a minima. — Et estant receu par le dict

(1) Procureur fiscal près la juridiction de Thiez.
(2) Thyez, en Faucigny (aujourd'hui arrondissement de Bonneville, Haute-Savoie). La Baronnie de Faucigny faisait partie de l'apanage des ducs de Genevois-Nemours. Il y avait deux localités du nom de Thiez.

Conseil pour légittime appelant, fust condampné en galère pour le reste de sa vie. Sur quoy fust par le dict arrest deffendu au dict Conseil de par cy appres recepvoir le dit procureur fiscal pour legittime appelant s'il ne reservoit appelle relever en justifiant... la teneur du stil ou quil fust desia receu par lettres du Souverain a peine de cent florins. Et ce contre les **privilèges** de Monseigneur le duc de Nemours. »

FÊTES A ANNECY ET A CHAMBÉRY A L'OCCASION DE LA PAIX DE VERVINS.

Le 2 mai 1598, un traité de paix avait été signé à Vervins entre Philippe II et Henri IV ; les difficultés qui divisaient ce dernier et le duc de Savoie Charles-Emmanuel Ier furent laissées à l'arbitrage du pape Clément VIII, qui devait statuer dans le délai d'un an.

La paix fut jurée à Chambéry, et voici comment l'annaliste d'Annecy raconte ce qui se passa, dans cette ville d'abord, puis à Chambéry.

« Le samedi 13 juin 1598 envyron l'heure de 4 appres midy, à son de trompette par les carrefours d'Anessy de la part de S. A. fust le peuple invité à rendre grâce à Dieu de la paix traictée entre Leurs Majestés et S. A. et se réjouir de la dicte paix si longtemps désirée ; la dicte publication faicte par Me Claude Régis, huissier au Conseil et huissier extraordinaire au Sénat. Suyvant la dicte publication le dimanche

14 de tel moys de juin furent faictes plusieurs dévotions en cette ville en actions de grâce de la dicte paix et le soir fut faict le feu de joye.

« Le dimanche 2 aoust 1598 fut la paix jurée à Chambéry en l'église de St François par S. A. et l'ambassadeur de France envoyé à ces fins, nommé le dit ambassadeur Mr Botéon chancelier des deux ordres de S. M. senéchal de Lyon (1), et lieult. de Monsr de Laguyche gouverneur du dit Lyon.

« Les cérémonies furent très-belles accompagnées de grandes réjouissances et de grands festins. Le dit ambassadeur arriva le samedi 1 aoust accompagné d'envyron 100 gentilhommes françois en tres-beau équipage.

« S. A. lui envoya au devant Đ. Amedée de Savoye, lui envoya en oultre un présent d'ung cheval très-beau et harnasché très-richement, et fut retiré au chateau au logis du gouverneur fort honorablement. Sa suite fut logée en la ville aux meilleures maisons. Le lendemain S. A. avec le dit Sr ambassadeur s'acheminèrent à l'église de St François dont l'ordre fut tel.

« Marchoient 1º plusieurs trompettes et glayrons et aultres instruments de musique sonnants et chantants fort mélodieusement; marchoient appres plusieurs huissiers portant des grosses masses d'argent; apprès eux marchoient plusieurs héraults portant en leurs casaques des armoyries de Savoie les ungs simples les aultres escartelées; appres eux marchoient

(1) GUILLAUME DE GADAGNE, seigneur de Bothéon. Le château de Bothéon, sur la Loire, est un des plus beaux du Forez.

trois evesques scavoir : Monsr de Belley (1) au milieu à sa main droite Monsr le evesque de Genève (2) et Monsr le evesque de Maurienne (3) de l'aultre cousté. Apprès eux marchaient S. A. et le dict ambassadeur quaute a quaute (côte à côte) d'elle à main gauche. Apprès marchoit Monsr de Jacob gouverneur de Savoie avec Monsr le président Rochette premier président, à main gauche, portant le dit S^r président une grande robe de vellour roge, ce qui n'avolt jamais été veu auparavant (4) avec son chapperon dernier (*derrière*).

« Apprès marchoit M. de Lambert, chevallier au dit Senat avec son grand manteau roge et avec luy à sa main gauche le second président dudit Sénat (5) et successivement tous les sénateurs vestus de leurs robbes d'escarlatte. suyvis des avocats et procureurs avec leurs robbes et bonnets.

« Apprès le Sénat marchoient les huissiers de la Chambre des Comptes avec leurs grandes masses d'argent. Apprès eux les présidents de la dite Chambre a scavoir, M. Barrillet et M. de la Roche portant les dits

(1) Jean-Geofroi de Ginot.

(2) Claude de Granier.

(3) Philibert Millet. V. *Chronol. pour les études hist. en Savoie*, pages 87, 66 et 79.

(4) Burnier *Hist. du Sénat de Savoie*, t. 1, p. 484, note, rapporte que le 10 mars de cette même année il y avait eu à Chambéry, à l'occasion de la prise d'Aiguebelle par le Duc de Savoie, une procession générale à laquelle le Sénat assistait en robes rouges. Pour faire concorder ce renseignement avec notre récit, il faut supposer que ce que l'on *n'avait jamais vu auparavant*, c'était le Premier Président avec une robe de *velours* rouge, et les Présidents de la Chambre des Comptes avec des robes de *velours* noir.

(5) C'était Antoine de Passier, ou Guillaume d'Oncieu.

Srs presidents une grande robbe de vellour noir, ce qui n'havoit esté veu auparavant et apprès marchoient les gentilshommes tant francois que aultres.

« Arrivé à St François où l'on avoit préparé à la nef trois autels scavoir lung et le plus eminent au devant la grande porte du chœur et deux aultres plus petits l'un deçà l'aultre de là. Estoient aussi préparés deux théâtres assez près des dits autels l'un à main droite pour S. A. tout couvert de noir à cause du deuil de l'infante (1) et l'aultre de l'aultre cousté pour l'ambassadeur couvert richement de belles tapisseries. » — (*Le récit s'arrête là.*)

LE SÉJOUR DE HENRI IV A ANNECY, EN 1600.

Henri IV venait d'envahir la Savoie et la Bresse, afin d'obtenir de force l'exécution du traité par lequel le duc Charles-Emmanuel Ier s'était engagé à lui restituer le marquisat de Saluces ou à lui donner en échange la Bresse, Barcelonnette, etc. Il s'était emparé rapidement des villes qui ne pouvaient opposer une résistance sérieuse, telles que Chambéry, Bourg et Montmélian. Pendant que ses généraux attaquaient les forteresses de ces deux dernières villes, il se rendit à Annecy, où il passa quatre jours.

Notre chroniqueur raconte que le premier jour, 5

(1) L'infante Catherine-Michelle, fille de Philippe II, femme de Charles-Emmanuel, morte le 6 novembre 1597. Philippe II mourut lui-même le 13 septembre 1598.

octobre 1600, il fut reçu par le duc de Nemours, Henri de Savoie, et qu'il dîna au Château *au vu de tout* le monde. Il y avait quatorze convives à la table, dont le haut bout était occupé par le petit duc de Vendôme, âgé de 6 ans (1). A côté du roi était sa nouvelle maîtresse, Henriette Balzac d'Entrague, qu'il venait de créer marquise de Verneuil.

Le 6, un grand nombre de gentilshommes de l'escorte royale allèrent visiter Genève. Ce jour-là, Henri IV entendit la messe aux Capucins ; le lendemain, 7, il passa son temps sur le lac et dans les environs d'Annecy.

Le 8, il alla entendre la messe à l'église de Saint-François ; il fut reçu à la porte par l'évêque Claude de Granier, ancien prieur de Talloires, par le prévôt du Chapitre, François de Sales, et par tous les chanoines. Ce même jour, il écrivait à M. de Rosny qu'il attendait le patriarche de Constantinople avec le secrétaire du Pape : « Je me contenterai de les ouïr et remettrai de répondre quand j'aurai parlé à vous à Chambéry (2). »

Ces personnages étaient envoyés par le Pape Clément VIII et par le duc de Savoie pour traiter de la

---

(1) César, duc de Vandôme, fils aîné de Henri IV et de Gabrielle d'Estrées, nommé gouverneur de Bretagne à l'âge de 4 ans, lorsque le roi le fiança à la fille du duc de Mercœur, qui avait reçu cette haute dignité de Henri III. Le chroniqueur se trompe lorsqu'il l'appelle le *dernier* de Henri IV, car celui-ci avait eu, en 1597, un second fils, *Alexandre de Vendôme,* qui fut grand prieur de France.

(2) Recueil des Lettres de Henri IV, par Berger de Xivray, t. V. — Il y a, à la même date, une lettre adressée de Chambéry au Connétable ; mais elle doit être du 18 octobre, puisque le roi y annonce que le fort de Montmélian capitulera dans un mois, qui finira le 16 novembre, si d'ici là il n'est pas secouru *d'armée battante.*

paix. L'un d'eux était Bonaventure Calatagirone (1),
patriarche de Constantinople, ancien général des Cordeliers, qui, deux ans auparavant, avait été employé
dans les pourparlers du traité de Vervins (2 mai
1598).

Henri IV quitta Annecy le 9 octobre, il s'embarqua
sur le lac pour aller coucher à Faverges. C'est de là
qu'il se rendit à Beaufort, d'où il écrivit à la marquise de Verneuil, qui était revenue à Chambéry, sa
lettre du 11 octobre.

« Mon menon, nous arrivasmes hyer en ce lieu de
« Beaufort à nuict fermante, ou nos bagages ne sont
« pas encores arrivés à ceste heure que nous partons
« pour aller au col de Cormet recognoistre le pas-
« sage. Il nous fallut mettre hyer vingt fois pied à
« terre et le chemin est cent fois pire aujourd'huy.
« La France m'est bien obligée car je travaille bien
« pour elle. Je remets mille bons contes à vous faire
« que jay appris de messieurs venant de Chambéry
« a quand j'auray l'honneur de vous voir qui ne sera
« ce crois-je que dimanche. Ce temps me durera plus
« qu'à vous. Aymés moi bien, les chères amours à
« moy, que je baise un million de fois (2). »

Si le sens de cette lettre n'était pas clair, il le deviendrait par ce passage des registres de Beaufort,
publié par M. Ducis (3). « Le jour 10me le roy a esté
icy en grande compagnie de princes et aultes gens-

---

(1) Sans doute le cordelier qu'on appelle *Panigarolle* dans le
Traité des misères de Paris (Satyre Ménippée).
(2) Recueil des Lettres de Henri-IV. T. V. p. 321.
(3) *Revue savoisienne*, 1871, page 94.

2

darmeries. Le jour 11me il est allé au Cormet et faisait mauves temps ; le jour 12me il est parti conduisant 8000 personnes, ayant faict grandissimes folies. »

Tout cela n'empêchait pas Henri IV de faire annuler son mariage avec Marguerite de Valois, d'épouser par procuration à Florence Marie de Médicis et d'aller la rejoindre à Lyon le mois suivant.

Mais laissons la parole à notre manuscrit :

« Le jeudy 5 8bre 1600 envyron l'heure de 4 apprès midy henry de bourbon Roy de France et de Navarre apprès s'estre emparé de toute la Savoye exceptés des forteresses de Montmélian et Bourg, Ste Catherine et des Alinges, Est venu en ceste ville accompagné du duc de Nevers, du duc d'Espernon, du Comte de Soissons de deux des fils du dit...? du duc de Vendosme son dernier aagé seulement de 6 ans. Et luy est allé au debvant Monseigneur le duc de Nemours qui l'a receu au chateau ou il a mangé au vu de tout le monde en la grande sale. Estant a... a sa table tous les susdits princes, le baron de Castelnovoz, mons^r de St Germain (huguenotz) et encoure quelques aultres jusques au nombre de 14, duquel nombre estoit Madame la Marquise Dantragues qui estoit touiours assise auprès de S. M. a sa senestre et a lhault bout de la table le petit duc de Vendosme gouverneur de Bretaigne.

« Le lendemain 6 du dit moys Monsieur le duc de Nevers, le Duc de Nemours et avec eux la pluspart de la noblesse de Sa Majesté jusques au nombre de

120 maistres sont allés à Geneve où ils sont receus
sans difficulté (1).

« Le dit jour S. M. est allée ouyr messe en l'esglise des capucins ; et est allé passer son temps sur
le lac et anvirons le lendemain. Le 8 du mesme moys
S. M. est venue ouyr messe à S^t françois en la porte
de laquelle esglise elle a esté receue par monsieur le
R^me Evesque de Geneve accompagné de mons^r le prevost de Sales et des aultres chanoines de la dite
esglise Ou mon dit seigneur Evesque luy a présenté a
baiser le pied du St Crucifix qui estoit porté par le dit
S^r prévost ce quil a fait avec grande révérence.

« S. M. tout le long de la messe a tenu par la
main mon dit s^r Evesque et ont long temps parlé ensemble.

« Le lendemain 9 dudit Octobre est arrivé de la
part de S. S. un patriarche de l'ordre de St François
et général d'icelluy ordre qui a parlé à S. M. pour le
fait de la paix. Monseigneur de Geneve est allé saluer
le dit patriarche au chateau ou il a encore baisé les
mains à S. M. (2) Laquelle est semblablement allée

(1) Les syndics de Genève donnèrent à Henri IV une preuve de
grande confiance. Il les en récompensa bientôt en leur permettant
de détruire le fort de Sainte-Catherine, *cette sainte gênante*, lorsqu'il
eut capitulé le 16 décembre suivant. (Saint-Genis, *Hist. de Savoie*,
II, p. 222 et 224. Jules Vuy.)

(2) Il résulte implicitement du récit de notre chroniqueur que,
conformément à ce qu'ont écrit Charles-Auguste de Sales, et le P.
Boniface Constantin (*Vie de Claude de Granier*, p. 217), saint François de Sales ne parla pas à Henri IV à son passage à Annecy.
L'affirmation contraire du curé de Saint-Sulpice (*Vie de saint
François de Sales*, p. 374 et s.) est donc erronée. Nous l'avons dé-
montré, du reste, péremptoirement dans un autre travail, à l'aide
d'une lettre inédite de saint François de Sales du 21 mai 1602, où

ouyr messe aux Capucins, puys apprès disner envyron
lheure de deux s'en est parti et a pris son chemin
contre la tarentayse et s'est embarquée jusques à
Verti (1) et despuys la est allé coucher à Faverges. »

_____

NAISSANCE D'UN ENFANT A DEUX TÊTES.

« Le 7 Àpvril 1601 est ne au village de Lover-
chie (2) pres cette ville dAnnessy ung monstre ayant
deux testes gros et bien proportionné lequel fust fendu
et ouvert et dans icelluy se trouverent deux cœurs
deux estomachs deux foys (foies) et deux pulmons.
On ne scut cognoistre. » (Le récit s'arrête là.)

_____

EXÉCUTION DU TRAITÉ DE LYON DU 17 JANVIER 1601.

Le texte de ce traité a été donné par M. Joseph
Dessaix (*La Savoie historique*, I, p. 236 et s.). Suivant cet auteur, le traité aurait été publié à Turin le
6 mars, à Lyon et à Bourg le 14, et à Grenoble le 20.
Il était exécutoire aussitôt après les ratifications
(art. X). La prise de possession effective des terri-

le coadjuteur annonce qu'il reçoit, à Paris, « des faveurs, mesme
« du Roy despuis que lay eu presché devant Sa Majesté, car aupa-
« ravant ie ne luy avoy pas parlé. » (*Saint François de Sales,
docteur en droit, avocat*, p. 86.)

(1) Vertier, hameau de la commune de Doussard, à l'extrémité
sud-est du lac d'Annecy.

(2) Hameau à 20 minutes ouest d'Annecy.

toires de Bresse, Bugey, Valromey et Gex n'aurait eu lieu, d'après notre chroniqueur, que le 13 janvier 1602.

« Le Dimanche 13 Janvier 1602 suyvant le traicté de paix faict entre S. M. tres chrestienne et S. A. par lequel les provinces de Bresse, Bieugey, Verromey et Jaix estoient acquises a S. M., les armoyries de S. A. ont esté levées des portes de Seyssel (1) estant a ces fins le peuple du dict lieu assemblé qui assistait a ce en procession avec le clergé qui chantait les litanies. Et furent portées en la dicte procession les Armoyries de france par le secretayre de la ville en evidence dessus un drap roge (2) et furent apposees aux susd[es] portes au lieu de celles de Savoye lesquelles furent au retour de la dicte procession couvertes dung drap noir et rapportees par le mesme secretayre dans lesglise parroissiale du dict lieu ou elles sont desmeurées. Le mesme fust faict le dict jour aux aultres villes et bourgs des d[es] provinces. »

LES FUNÉRAILLES DE CLAUDE DE GRANYER.

Le P. Boniface Constantin a écrit, avant 1638, et publié en 1640, la vie de l'évêque de Genève Claude

---

(1) Par le traité *toute la rivière du Rosne* était cédée à Henri IV, et par l'art. 111 le duc lui cédait spécialement au delà du Rhône, Seyssel, etc. La France eut donc alors les deux localités appelées plus tard Seyssel (France) et Seyssel (Savoie).

(2) Les *o* et les *u* se prononçaient *ou*.

de Granyer (1), ancien bénédictin de Talloires. L'un des chapitres les plus vivants de son livre est celui où, évoquant ses souvenirs personnels, il raconte les cérémonies de la sépulture de l'évêque qu'il a vues, *alors qu'il était à l'âge de douze ans.*

Après avoir rappelé que l'évêque, mort au château de Pollinge le 17 septembre 1602 dans sa 54e année, avait témoigné le désir d'être enseveli dans l'église de Saint-François, au devant du trône épiscopal, il continue ainsi :

« Son desir fut exécuté par la piété de ses proches
« qui après lui avoir rendu tous les devoirs possibles
« dans le château de Pollinge, conformément au Céri-
« monial des Evesques, l'accompagnèrent 4 grandes
« lieues qui est la juste distance de Pollinge et d'An-
« nessy.

« Les curés et les ecclésiastiques de son diocese
« concoururent en grand nombre pour lui rendre ces
« derniers devoirs : il faisait bon voir en vérité cette
« compagnie composée de prestres réguliers et sécu-
« liers filer deux à deux le long de la ville d'Annessy,
« à travers les soldats espagnols qui estoient alors en
« garnison, rangés en haye et en armes, plus pour
« honorer la pompe funèbre que pour s'asseurer
« contre les accidens qu'ils pouvoient craindre au
« voisinage de Genève.....; le grand nombre des pau-
« vres que ses proches avoient couverts de drap pour

(1) Claude de Granyer (c'est ainsi qu'il écrivait son nom), né à Yenne en 1548, avait échangé en 1579 son prieuré de Talloires contre l'évêché de Genève avec Ange Justiniani.

« se faire des habits, qui marchoient deux a deux et
« portans en main un cierge de cire blanche ; les
« Religieux, les ecclésiastiques les plus apparens de
« la ville et du pays qui regrettoient tous la mort de
« leur Père....... L'objet le plus triste estoit le corps
« de ce grand serviteur de Dieu porté sur les épaules
« des ecclésiastiques et revestu à la Pontificale. Il me
« semble encor de le voir du haut d'une fenestre ou
« j'estois..... le visage couvert du blanc de la mort.
« La pompe funèbre marcha en cet appareil jusques
« à l'eglise de S. François, où les derniers devoirs luy
« furent rendus, après quoy son corps revestu au
« dessous de l'habit de S. Benoist, et par dessus des
« vestemens pontificaux fut enterré en la mesme
« eglise, à costé du grand Autel, tout devant le
« Throsne Episcopal. »

Le récit du Père Constantin se trouve complété par
celui de notre chroniqueur inconnu qui fut sans
doute aussi un témoin oculaire :

« Le 20 May 1602, dit-il, a esté publié de la part
de S. S. et de Monseigneur le R^me Evesque de Genève
le St Jubilé en la ville de Tonon par de grandes con-
versions le 25 du dit May et fini le 25 Juillet suyvant.
Ou de touttes parts est venue si grande multitude de
peuple que c'estoit chose admirable de la voir.

« Apprès la clousture du dit St Jubilé qui fut le
jour 25 Juillet 1602 Monseigneur le R^me Evesque de
Genève Claude de Granier estant descendu au dit
Tonon ou il fut residant tout au long du dit Jubilé
y fut surprins d'une maladie envyron le 15 Aoust en

laquelle on lui apportast le St Sacrement de l'Autel ou se treuvait le R^d Père prefet des Jésuistes, le R^d Père Chérubin, capucin. Il fut résolu de faire quelque solide exhortation ; parce qu'ils se presentoient lhonneur l'ung à l'aultre, Le R^{me} Sr Evesque print la parole et tout malade et exténué qu'il estoit fit lui-même la dite exhortation de sorte qu'il se rendit admirable à toute l'assistance.

« Ayant ung peu recouvré de sa santé il se ressoult de venir Annessy et se faict apporter jusques a Pollinge ou la maladie le reserre en telle force que le mardy 17 septembre au dit an 1602 il décéde de ce monde en l'autre. Et le jeudy 19 du dit 7bre le corps d'icelluy auroit esté apporté en ceste ville et auroit esté enterré dans l'eglise de St François auprès du grand Autel à main senestre. Tout le clergé le fust prendre vers Notre Dame de quoi l'ordre estait tel que premièrement marchoient les confréres de Ste Croix revestus avec leur croix, les pères capucins, les pères de St François et de Ste Claire, les religieux du Sepulchre, les chanoines de Nostre Dame et enfin les R^{ds} Chanoines de St Pierre. Et que suyvoit après le corps du dit s^t Evesque revestu de ses habits pontificaux, après le deuil porté par quattre curés du diocèse.

« Le lendemain de son soubsterrement le Sr Nouvellet fist l'orayson funèbre. »

SACRE DE SAINT FRANÇOIS DE SALES. — SON ENTRÉE SOLENNELLE A ANNECY.

« Le dimanche unziesme Décembre 1602 (1), R^me Sr Fran. de Sales jadis prévost de St Pierre de Genève at esté sacré evesque de Nycopolis (qu'est près d'Emaus) et ce au lieu de Thorens. Le sacrificateur fust l'archevesque de Vienne (2).

« Ceux qui le presentoient estoient le R^me evesque de Damas, suffragant de Lyon et doyen d'Aix où il habitoit (3) et le R^me evesque de St Paul, abbé d'Entremont (4).

« Assistoient au dit sacre plusieurs gentils hommes entre lesquels estoient le s^r de Beaumont, le seigneur de Charmoisy, le seigneur de Villete, le s^r de Dérée, le s^r de Bellegarde de Disonche, le s^r de Monthouz, outre les parents du dit s^r R^me qui estoient en grand nombre.

« Le dict sacre fust faict dans le cœur de la dicte esglise ou a ces fins on avoit dressé ung grand théâtre tout tapissé.

« Le samedy 14 du dit Décembre (5) le R^me s^r evesque vint Annessy ou il fust reçu en très grande allégresse de tout le peuple.

(1) Le dimanche était le 8.

(2) Jérôme de Villars.

(3) Jacques Maistret, savoisien, docteur de Sorbonne, évêque de Damas, suffragant de Lyon, doyen de la collégiale d'Aix en Savoie, mort le 6 juin 1615. (Besson. *Mém.* p. 320.)

(4) Thomas Pobel, évêque de Saint-Paul-Trois-Châteaux (Drôme). Voir sur ce prélat notre *Prieuré de Peillonnex*, p. 39.

(5) Cette date reporte bien le dimanche au 8.

« Estant arrivé vers Nostre-Dame de Pitié toutes les esglises lui allerent au devant en habit comme le jour de la Feste-Dieu.

« La ville y allast semblablement en corps qui y firent porter un daix, lequel fut porté par les s^{rs} quattre scindiques et le R^{me} s^{r} alla dessous revestu épiscopalement.

« Avant que partir de la dite chapelle tous les susdits corps tant des esglises que de la ville et du Conseil le furent saluer dans la dite chapelle.

« A son entrée en nre ville l'ordre fust tel (1) :

« Marchoient 1º les vénérables capucins avec leur crucifix, apprès eux les pères de St François et Ste Claire, apprès eux les pères de St Dominique suyvis des religieux du St Sépulchre, apprès les R^{ds} chanoines de Notre-Dame, suyvis des R^{ds} chanoines de l'esglise cathédrale de St Pierre de Genève chantant ceux de St Pierre : *Te Deum laudamus,* en musique, puys apprès marchoit le R^{me} evesque sous le dit daix porté comme dessus des quatre scindiques de la ville devant lesquels alloient les serviteurs de la ville portant leur bastons.

« Apprès marchoient les gens du Conseil et devant eux les huissiers avec leurs baguettes et les greffiers civils et criminels avec leurs grandes robbes suyvis de

(1) Il y a là comme une imitation, mais en style sérieux, du récit de la procession dans l'*Abrégé des Estats de Paris* publié huit ans auparavant :

« La procession *fut telle* ; . . . devant eux marchoyent troys petits « moynetons ; . . . puis suyvoient de trois en trois . . . Après eux « marchoyent les prevosts des marchands, etc. » (*Satyre Ménippée,* t. I, p. 23 et suiv. Paris 1824.)

plusieurs advocats portant aussy tous leurs robbes, ou se treuvait grande noblesse.

« Le Rᵐᵉ Sʳ alloit bénissant le peuple et entroit en cestte forme dans l'esglise de Sᵗ Franç. siège de l'esglise cathédrale dans laquelle esglise firent les dits chantres plusieurs cantiques et mottets en musique.

« Puys apprés Rᵈ sʳ Estienne Nouvellet, chanoine de la dite esglise harangua fort élégamment et print pour son Thême : *Benedictus qui venit in nomine Domini*.

« A laquelle harangue le Rᵐᵉ respondit briefvement et alors il bénit le peuple qui estoit en fort grand nombre, et semblablement se presenterent troys escoliers qui chanterent quelques vers à la louange du dit sʳ Rᵐᵉ puys chacun se retirat.

« Et fault notter qu'au devant les portes de la dite esglise on y fist plusieurs arcz triomphants garnis de plusieurs armoyries et sentences.

« Au premier qu'estoit à l'entrée du cousté des grandz degrés on avoit mis au dessus les armoyries de la ville et au dessus ce dicton : *Urbi civitati*.

« En l'autre du cousté des fours (ou fonds) estoient aussi les armoyries de la ville avec ce dicton :
Civitati hospiti. (1).

« En la porte du milieu estoient les armoyries du Rᵐᵉ sʳ, avec ce dicton : *Pastori excubanti*.

« Aux deux aultres portes estoient les armoyries de l'esglise cathédrale de Sᵗ Pierre avec ces dictons : *Aperiunt et claudunt. Claudunt et aperiunt.*

(1) *Sacro præsuli civitas hospita,* suivant l'histoire du B. Fr. de S. par CHARLES-AUGUSTE DE SALES, édition latine, 1624, p. 235.

« Au dessus la porte du cœur estoient les armoiries de S. S. avec ce dicton dessus : *Clementi Clementia* (1).

« Et plus bas encoures les armoyries du R^{me} s^r avec ce dicton tout en ung mesme tableau :

Quia mitis sum et humilis corde.

« Le lendemain qui fust le 15 du dit Decembre on mit encoures au dessus de la grande porte de la dite esglise un aultre grand tableau dans lequel estoit la croix blanche simple envyronnée néanmoins des armes impériales avec ces dictons.

« Au dessus de la chere ou le R^{me} s^r preschat le dit jour du debvoir des evesques estoient quattre tableaux au premier duquel estoient despeints deux hommes fossoyant en terre avec ce dicton : *Ut evellas.*

« Au second une tour foudroyée par des canons avec ce dicton : *Ut destruas.*

« Au troysiesme deux mains fichant ung baston en terre avec dicton : *Ut plantes.*

« Au quattriesme des massons construysant une mayson avec ce dicton : *Ut œdifices.*

Et hœc omnia vidi (2). »

———

C'est à la suite de ce récit que le propriétaire des *Statuta Sabaudiæ* a écrit sa table alphabétique des matières.

———

(1) Allusion au Pape Clément VIII, alors régnant.
(2) *Et j'ai été témoin de toutes ces choses,* ajoute l'annaliste.

FORME NOUVELLE DE RELIEF DONNÉE PAR LE SÉNAT AU CONSEIL DE GENEVOIS.

« Henri de Savoye, duc de G⁵ et de Nemours. A tous (ou à vous) salut et dilection. De la part de, etc. Nous a esté exposé comme etc. Au moyen de quoy il desiroit par la voye de justice faire casser et revoquer le dict contract comme nul frauduleux et... Et a cest effect nous auroit requis provision a ce convenable. Or est il que ses choses conciderées suyvant le pouvoir et privilege a nous concede par S. A. Nous vous mandons et commandons par ces presantes s'il vous appert de la verité des..... suffisants et a suffire ayde? a pourvoir sur le faict de la dite restitution, cassation et annullation suyvant et a la forme de justice, en remettant aux parties, etc. »

MORT DE THÉODORE DE BÈZE.

« L'immense miséricorde de Dieu qui entoure tout cest univers qui retient les parties du monde branslantes et prestes a tomber sur nous testes pour ensepvelir avec nous le mensonge de nous peschés ayant attendu a pœnitence ce grand heresiarque de nostre siecle Theodore de Beze jusques en lan huictante cinquiesme de son age ou envyron, enfin le voyant si obstiné que ses forces naturelles le quictoient plustost que sa malice, lauroit appellé a luy le dimanche 23 7ᵇʳᵉ 1605 pour rendre compte vilicationis suæ (1).

« Le lendemain 24 dudᵗ moys il fust ensepvely et porté dans lesglise de Sᵗ Pierre de Geneve au devant du grand autel d'icelle esglise et porté avec des grandes ceremonies par quatre ministres descouvert (2) accompagné des scindiques de la ville et d'envyron quatre mille personnes. »

FUNÉRAILLES DE LA DUCHESSE DE NEMOURS A ANNECY EN 1607. — SES PORTRAITS.

Anne d'Est était fille d'Hercule II, duc de Ferrare, et de Renée de France (3), petite-fille d'Hercule Iᵉʳ et de Lucrèce Borgia ; elle avait épousé en 1548 François de Lorraine, duc d'Aumale, puis de Guise, qui fut assassiné devant Orléans, le 18 février 1563, par Poltrot de Méré (4). Elle ne tarda guère à accueillir les hommages de Jacques de Savoie, duc de Genevois et de Nemours, dont Brantôme a dit : « qui n'a veu M. de « Nemours en ses années guayes n'a rien veu, et qui « l'a veu le peut baptiser par tout le monde la fleur

(1) De son administration ; de lui et des autres. Voilà le seul passage où notre chroniqueur s'essaye au grand style.

(2) C'est-à-dire, son corps étant découvert.

(3) Renée de France était la 2ᵉ fille de Louis XII et d'Anne de Bretagne ; elle mourut à Montargis le 12 juin 1575. Elle paraît avoir passé au protestantisme, alors que sa fille Anne d'Est et ses enfants des deux lits furent les chefs de la ligue.

(4) Blessé le 18 février, il mourut le 24.

« de toute chevalerie, et pour ce fort aimé de tout le
« monde et principallement des dames (1). »

Malgré le procès intenté au duc de Nemours par
Françoise de Rohan pour le contraindre à réaliser une
promesse de mariage suivie de la naissance d'un fils,
Jacques de Savoie et Anne d'Est s'unirent, au commencement de mai 1566, à Saint-Maur des Fossés, en
présence de Charles IX et de Catherine de Médicis.
Le contrat de mariage avait été passé au château de
Montceau le 29 avril. La mariée y reçut de Charles IX
100,000 livres tournois ; son mari lui donna 25,000
livres de douaire, et le duc de Savoie Emmanuel-Phi-
libert, 60,000 (2).

Les nouveaux époux se rendirent à Annecy, capitale de leur duché de Genevois, au mois de juillet
suivant. M. Ducis a fait connaître aux lecteurs de la
Revue savoisienne les fêtes qui furent célébrées à
cette occasion (3).

La duchesse fut emprisonnée après l'assassinat de
ses fils Henri de Guise et Louis (le cardinal) aux
Etats de Blois, à la fin de décembre 1588. Suivant les
registres consulaires d'Annecy, un feu de joie fut fait,
le 16 février 1589, en réjouissance de son évasion et
de celle de son fils aîné du second lit, Mgr de Nemours.
Elle ne tarda pas à être vengée cruellement par le
couteau de Jacques Clément, et on la vit, le 2 août
1589, se promener en carrosse dans Paris avec sa

(1) Brantôme. *Vies des capitaines illustres*, Paris, 1823, t. III,
p. 166.

(2) Guichenon. *Hist. généalog.*, t. III, p. 200, et t. V, p. 626.

(3) *Le Saint-Suaire à Annecy*, Ire partie, p. 9 ; IIe partie, p. 6.

fille, la duchesse de Montpensier, qui, a-t-on dit, avait armé le bras de l'assassin d'Henri III. Vers cette époque on l'appelait parfois la Reine-Mère, à cause des prétentions de ses fils à la couronne de France (1).

Jacques de Savoie était mort près de Turin en juin 1585 (2) et avait été enseveli dans l'église Notre-Dame d'Annecy. Anne voulut reposer auprès de lui.

Henri de Nemours, leur second fils (3), réalisa ce désir de sa mère, qui mourut à Paris le 17 mai 1607 (4). Il fit d'abord inhumer ses entrailles dans l'église des Augustins. Pierre de l'Estoile rapporte ainsi cet événement : « Le vendredi 18 de Mai les entrailles de « très-haute et très-puissante princesse Madame Anne « d'Est, duchesse de Genevois, comtesse de Gisors, « dame de Montargis, etc., furent mises en terre dans « le chœur de l'église des Augustins... A cette céré- « monie, qui a été faite à dix heures du soir, ont « assisté grand nombre de noblesse, tant seigneurs « que dames (5). »

Le duc de Genevois écrivit ensuite aux syndics d'Annecy une lettre publiée par M. Ducis (6), dans laquelle, après leur avoir signalé l'honneur que la dé- funte leur a fait et l'amour qu'elle leur a témoigné en

(1) *Satyre Menippée,* passim.

(2) *Chronologies pour les études histor. en Savoie,* p. 55. *Revue sav.,* 1873, p. 27.

(3) Leur premier fils, Charles-Emmanuel de Savoie, né au château de Nanteuil en février 1568, était décédé en juillet 1595.

(4) Guichenon. *Hist. généalog.,* t. III.

(5) *Registres, journaux* de P. de L'Estoile, dans le tome XXXXVIII, p. 57 de la collection des *Mém. rel.* à l'*Histoire de France.*

(6) *Revue savoisienne,* 1883, p. 41.

choisissant leur ville pour le lieu de sa sépulture ; il les convie à contribuer aux honneurs qui lui seront rendus. Par une autre lettre, il chargea l'évêque de Genève, François de Sales, de présider aux cérémonies des funérailles.

Charles-Auguste, le neveu et biographe du saint, en a fait le récit suivant (1) : « A peine estoit il de « retour (d'un pèlerinage à St-Claude) (2) qu'il receut « du duc de Nemours, Henri de Savoye, des lettres « données à Paris le 23e du mois de May par les-« quelles il estoit asseuré de la mort de sa mère la « duchesse Anne d'Est et prié tout ensemble de faire « les obsèques, aussi tost que le corps arriveroit à « Anicy ; car, outre que les ducs de Nemours y ont « leur tombeau, elle avait tout specialement choisi le « lieu de la sépulture dans l'eglise Nostre Dame. Le « Sainct Evesque retourna donc victement de Tonon « à Anicy, et le septiesme du mois de Juin alla au « devant du corps à une lieue, accompagné de son « clergé, du magistrat (3) et de la noblesse de Genevois « et Faucigny, jusques à la nuict close qu'il le reposa « dans l'église. Le lendemain matin après les céré-« monies funèbres il fit la harangue sur les louanges « de la deffuncte princesse et recommandation de son « ame, avec son eloquence et piété ordinaire, quoi-

(1) *Hist. du Bienh. François de Sales,* éd. Vivès, t. II, p. 8. — Voir aussi : Jules Vuy, la *Philothée,* 2e partie, p. 17. Dans une lettre du 23 mai à M. de Charmoisy, Henri de Savoie lui donne des détails sur la longue maladie et la mort de sa mère.

(2) M. Ducis pense que Ch.-Auguste de Sales s'est trompé et que François de Sales n'est pas allé à ce pèlerinage en 1607. *Revue sav.,* 1883, p. 82.

(3) L'ensemble de la magistrature du Genevois.

« qu'il protestat à diverses occasions d'avoir de l'aver-
« sion à ces pièces de rhétorique, ou bien souvent les
« esprits prophanes se jettent sur des flatteries indi-
« gnes d'être prononcées en la chaire de vérité. Le duc
« ayant sceu combien magnifiquement ces derniers
« debvoirs avaient été rendus à la mémoire de sa
« mère, le remercia par lettres et le pria de luy
« envoyer ceste oraison funèbre pour la faire impri-
« mer (1). »

Le récit de notre chroniqueur inconnu est bien plus
détaillé. On y trouve l'énumération complaisante de
dames allant jeter de l'eau bénite sur le corps déposé
dans l'église de Sillingy, des chanoines, magistrats,
syndics, bourgeois et gentilshommes escortant à cheval la *charrette* mortuaire, le nom de beaucoup d'entre eux, le rang, déterminé à l'avance, qu'ils occupent
dans cette longue cérémonie qui, interrompue à onze
heures du soir, est reprise le lendemain ! Ce ne fut
pas du reste sans difficulté, si l'on en croit Nicolas de
Hauteville, que l'ordre de la marche fut établi entre
les nobles. « Après plusieurs débats et contestations,
« dit-il, sur plusieurs points d'honneur et de préfé-
« rence, le corps de la noblesse prit des expédients
« ensuite desquels Louis de Sales *(frère de l'évêque)*
« fut choisi pour porter les premiers honneurs avec

----

(1) François de Sales écrivit à ce propos à Mme de Chantal (Lettre 128e, édition Vivès) : « Mme de Nemours m'a tellement conjuré
« de lui envoyer l'oraison funèbre de Madame sa mère que je suis
« contraint d'en écrire une presque tout autre. » En octobre suivant, il n'avait pas achevé son travail, car il attendait encore
d'Italie des documents sur la maison d'Est. (Lettre 50e. *OEuvres de
saint François de Sales,* édition Vivès, 1862, t. VII.)

« son frère, Bernard de Sales, si bien que les deux
« frères, assistés de Messieurs Suchet et de Boëge,
« furent destinés pour porter le poille (1). »

Quand le corps de la duchesse eut été placé dans le
caveau des princes de Genevois, le maître d'hôtel du
duc de Nemours revint au chœur de l'église, *rompit
son baston, puis chacun se retira.*

Il y a probablement là l'indication d'un usage qui a
disparu.

Voici le récit du manuscrit :

« Le 17 de May en lannée 1607 ceste grande et
magnanime princesse Madame Anne Dest vesve en
premières nopces de fran de Lorraine duc de Guyse
et en secondes de Monseigneur de très heureuse mé-
moyre Jaques de Savoye Duc de Genevoys et de
Nemours estant parvenue en l'année 76ᵉ de son aage
a rendu l'esprit à Dieu à Paris à l'hostel de Nemours
au grand regret de tout le peuple et particulièrement
de ses subiets.

« Suyvant le testament de ma dite Dame son corps
ayant été enseveli premierement dans une chasse de
plomb et puis apprès dans une autre de noyer a esté
apporté en ce pays avec une charrette. Et estant
arrivé le vendredy premier de Juin au lieu de Seissel
plusieurs gentilshommes de cette ville *(d'Annecy)* lal-
lèrent recepvoir au dit Seissel et le firent apporter à
Sillingié dans lesglise du dit lieu ou il reposat jusques
au mercredy sixiesme du dit Juin pendant lesquels

(1) *Maison naturelle de saint François de Sales*, p. **284.**

jours plusieurs gentilshommes et autres mesmes tous les officiers de Monseigneur furent au dit lieu et ancoure plusieurs dames de la ville, porter d'eau bénite sur le dit corps.

« Le jour de mecredy 6 Juin arrive à 7 heures du mattin Monseigneur francois de Sales evesque de Geneve accompagné des Srs Chanoines de St Pierre. Messieurs de la Justice suyvis d'un grand nombre d'advocats procureurs et aultres membres d'icelle, Messieurs les scindicques accompagnés de plusieurs bourgeois et citoyens de la ville s'acheminèrent au lieu de Sillingié ou chascung mit pied à terre puis entrerent dans la dite esglise ou reposoit le dit corps et ou mon dit seigneur levesque dict la sainte Messe ; puis chescung remontat à cheval et s'en revinrent avec le dit corps sur sa charrette. Le nombre de ceux qui furent la estoit de six vingt ou envyron.

« Estant arrivés vers *Communand* (1) en la grange que fut de la vesve *Charcot*, le corps de madite dame fut reposé dans icelle, puis chascung s'en revint à la ville disner excepté le maistre d'hostel de ma dite dame et les aultres officiers qui avoient accompagné le dit corps despuis Paris en ceste ville, qu'estoyent envyron dix ou douze personnes.

« Ayant disné, envyron l'heure de six du soir mon dit Seigneur de Geneve accompagné de tout le clergé tant de son esglise que des aultres, fit chemin avec ses

---

(1) Il nous a bien semblé que le manuscrit porte *Communand,* mais ce nom n'appartient actuellement à aucune localité de Sillingy à Annecy. Ce lieu devait être assez rapproché d'Annecy.

habits et ornemens pontificaux jusques en la dite grange ou il fist les prières accoustumées.

« Messieurs de la Justice, les nobles sindicques vinrent au dit lieu de *Communand* tous à cheval d'où l'on despart en l'ordre que sensuit qu'auroit esté déterminé le jour auparavant par mes dicts s^rs de la Justice.

« Premierement marchoit le corps de la ville composé de quelque nombre de conseillers tant advocats que aultres et de quelques bourgeois des plus notables suyvis de noble Louys Delalée, Sr de la Tornette, qui marchoit tout seul vestu de deuil ayant ung homme de pied devant luy vestu de mesme.

« *(Intercalé.)* Il estoit capitainne de la ville.

« En second lieu marchoit le chastelain de la ville, le prevost et ses lieutenants.

« En troysiesme les procureurs, et les jeunes les premiers, avec leurs robbes et chosses. Les suyvoient les advocats et les plus jeunes les premiers comme dessus, avec leurs robbes et chosses (1).

« Apprès eux marchoit montés et equippés de mesmes, l'auditeur du Conseil, le chancelier de la chambre des comptes, le greffier civil et criminel du Conseil et les huissiers apprès.

« Suyvoient Messieurs le Président le Juge mage de Faucigny Messieurs de la Chambre des Comptes et Messieurs du Conseil avec le Sr Chevalier. Tenant Monsieur le Président avec le dit Sr Chevalier le der-

---

(1) Chausse, ou épitoge, espèce de chaperon placé sur la robe des gens de loi.

nier rang qu'estoit le plus hon[ble] pour estre plus
près du corps.

« Ung serviteur de ville marchoit tout seul apprès,
suyvi de cinquante pauvres femmes ou filles, portant
chascune d'elles deux aulnes de sarge, deux aulnes
de toile et ung pair de solliers qui leur furent donnés
en aulmone, valant chasque envyron 25 ff.

« Marchoient apprès les flambeaux de cire blanche
au nombre de cinq cents ou envyron portés la plus
part par des escoliers tous presque vestus de noir ;
auxquels il y avoyt les armoiries de Monseigneur
escartelées avec celles de la mayson d'Est. En des
aultres estoyent les armoyries de la ville celles du
Collège et des Tirages ?

« En apprès marchoient les pères Capucins, les
pères de St Francois, les pères de St Dominique, les
Réguliers du Sépulchre, les srs Chanoines et Chappitre de Nostre Dame avec deux chantres de leurs
esglise ; les Rds Srs Chanoines et Chappitre de lésglise
cathédrale de St Pierre de Geneve ayant aussi deux
Chantres, avec leurs mitres suyvis de mon dit Seigneur lEvesque avec les ornements pontificaux comme
crosse mitre et aultres semblables. Tout ce clergé
estoit en nombre de sept vingt ou envyron.

« Suyvoit le corps de Madame monté sur un chariot
tiré par quatre grands chevaux couverts d'un grand
drap de velours, et au dessous d'ung daiz porté par
les quatre gentilshommes soub nommés choisis et es-
leus par les dits srs scindicques de la ville. Le daiz
estoit de velours noir auquel estoyent les armoyries
de la ville, et fust faict exprès.

« Les porteurs dicelluy furent au devant, du cousté des pieds, noble et spectable Anthoine de Boege, dit de Conflens, à main droite ; noble Henry Suchet à main senestre ; et au dernier qu'estoit la place la plus honorable les seigneurs de la Tuyle et de Groysie (1) frères et frères *(sic)* de Monseigneur lEvesque.

« Les quatre coings du drap qu estoit au dessus du corps estoient portés du cousté devant par le Sr de Lucinge à la main droite, et par le Sr Ballif de Loche à senestre, et dernier *(derrière)* par Monsr le Baron de Menthon à la droite et par le Sr de Monthouz appelé de Contamine à la senestre.

« Apprès le corps immédiatement marchoit le premier serviteur de ville tout seul, vestu de noir, à pied et les quatre scindicques avec leurs bastons aussy à pied. Les susdits scindicques estoient noble et spectable françois Viollon Sr de la Pesse, noble françois Roget Sr de Fesson ; Me Guillaume Falcaz et M^e françois Fenolliet.

« Suyvoit les S^{rs} scindicques le maistre d'hostel de Madame avec son baston, accompagné des aultres questoient venus de Paris, tous à cheval, des gentilhommes et aultres officiers de Monseigneur, aussy à cheval et ung grand nombre de noblesse appres encoures à cheval.

« On entroit en la ville envyron les huict heures tellement qu'il y avoit grand nombre de flambeaux par les fenestres pour éclairer. A la porte de la ville au dessus avoit ung grand drap noir et au milieu

(1) Louis et Bernard de Sales.

diceluy les armoyries de Monseigneur et de Madame et des deux coustés celles de la ville.

« On suyvit avec cet ordre jusques à la porte de l'esglise de Nostre Dame quon mit pied a terre pour entrer dans icelle ou le dit corps fust porté dans le cœur de la dite esglise sous une chapelle ardente préparée à ces fins, couverte d'ung grand nombre de chandoiles de cire blanche, où l'on fist des prières et dura l'office jusques a onze heures que chascun se retirast.

« Les deux chantres de Nostre Dame estoient du cousté des pieds et les deux de St Pierre avec leurs mitres du cousté de la teste, et Monsr levesque assis au milieu d'iceux. Les deux portes de lesglise estoient toutes couvertes de larmes. En la grande porte par où on entrait estoyent les amoyries de Madame avec cette devise : *Speculum patentiæ ;* et en l'aultre estoyent les armoyries de Monseigneur avec ceste devise : *Mortua vivit.*

« Le lendemain *jeudy, 8e du dit* Juin *(sic)* (1) envyron les neuf heures du mattin on retournat a lesglise Nostre Dame avec l'ordre suyvant :

« Premierement descendit du Chasteau le maistre d'hostel de Madame avec les aultres officiers desquels il estoit accompagné et apprès eux marchoient les quatre scindicques sans estre assistés d'aulcungs conseillers. Les suyvoient les huissiers du Conseil puys, les greffiers tant civil que criminel et auditeurs du

(1) Si le mercredi était le 6, le jeudi devait être le 7, et non le 8. Les registres consulaires placent l'oraison funèbre au vendredi 8. En 1607, le dimanche de Pâques était le 15 avril.

Conseil ; apprès lesquels marchoient messieurs de la
Chambre, les dits seigneurs Juge maje et les fiscaux,
appres eux marchoient les dits S^rs advocats et procureurs avec leurs robbes et apprès eux le reste de la
ville.

« Estant dans lesglise on fist l'office de troys
grandes messes la dernière desquelles fust dicte par
Monseigneur leveque lequel en la fin dicelle fist l'orayson funèbre fort élégante, laquelle finie, le corps de la
dite princesse fust mis dans le tumbeau et sepulchre
de Messieurs nos princes. Ce faict le maistre dhostel
dans ce cœur de la dite esglise, rompit son baston,
puis chascung se retirat. »

A la suite de la lettre du duc Henri, le Conseil de
ville d'Annecy, par une délibération du samedi 2 juin,
avait décidé qu'à l'imitation des autres corps consti-
tués, l'un des syndics, le sieur de la Pesse, accompa-
gnerait le corps de l'endroit où il était déposé, Seyssel,
Clermont ou Sillingy (le texte n'est pas clair à cet
égard) jusqu'à Annecy. Les autres délégués étaient
le collatéral de Quoëx pour la Chambre des comptes,
le sieur Floccard pour le Conseil présidial et M. de
Chavanne. Il arrêta encore que les quatre syndics, le
secrétaire et le premier serviteur de la ville seraient
vêtus de deuil aux frais de celle-ci, à raison de cent
florins chacun, que l'on ferait faire un poèle de velours noir avec franges de soie noire, au sujet duquel
les syndics devaient traiter avec le Chapitre, afin que
ce poèle ne demeurat pas aux prêtres de Notre-Dame.
La ville devait encore fournir deux douzaines de

torches de cire blanche à ses armoiries, placer aux fenêtres de l'hôtel-de-ville quatre cierges aux armes de la défunte, et tapisser les fenêtres ainsi que la porte d'Annecy par laquelle le corps devait entrer (1).

Guichenon (t. III, p. 201) rapporte une épitaphe composée à l'occasion de la mort de la duchesse, mais qui n'a jamais dû être inscrite sur une pierre tumulaire.

Jacques Replat (2) et M. Ducis (3) ont fait connaître qu'il existe au presbytère de Notre-Dame d'Annecy un portrait d'Anne d'Est qui aurait été placé au-dessus de sa tombe et enlevé, en 1793, lors de la destruction des tombeaux des ducs de Genevois. C'est une assez bonne peinture placée dans un cadre moderne, d'environ 80 centimètres de haut et 75 de large. Elle représente une veuve, jeune et jolie, au nez long et un peu aquilin, ayant les mains jointes devant la poitrine. Cette dame, dont une couronne ducale souveraine (4), placée à gauche sur un coussin, indique le rang, porte une cordelière autour de la taille ; sa tête est recouverte d'un léger voile noir avançant en pointe sur le front ; elle est coiffée non à la Marie Stuart, comme on l'a dit par erreur, mais

(1) Extrait d'une copie prise à l'Hôtel de Ville d'Annecy par M. Eloi Serand.

(2) Voyage au long cours sur le lac d'Annecy. *Bull. de l'Ass. florim.*, 1857-58, p. 180.

(3) *Revue savoisienne*, 1883, p. 42.

(4) La couronne est surmontée d'un diadème avec une croix au dessus.

à la mode du temps de Louis XIII. Les cheveux, très abondants, tombent en grappes épaisses sur les épaules jusqu'à la naissance du bras. Cette coiffure conviendrait sûrement beaucoup mieux à Anne de Lorraine, veuve en 1632 d'Henri de Savoie, fils d'Anne d'Est, ou à Elisabeth de Vendôme, veuve en 1652 de Charles-Amédée (1) qu'à Anne elle-même. Elle ne devint en effet veuve de Jacques de Savoie qu'en 1585, alors qu'âgée de 57 ans la vieillesse avait déjà commencé pour elle. On ne pouvait donc pas faire son portrait de veuve de Jacques de Savoie en lui laissant cette fleur de jeunesse, cette grâce qui caractérise le tableau d'Annecy.

Il y a à Versailles un portrait d'Anne d'Est peint d'après *un portrait du temps ;* elle y paraît encore jeune, âgée de 35 à 40 ans (2). Nous possédons nous-même une ancienne estampe (3) où elle est plus âgée

(1) *Chronologies pour les études hist. en Savoie,* p. 50.

(2) Voir dans les *Galeries historiques de Versailles,* t. VII de l'Atlas, n° 1931, ce portrait d'Anne d'Est, et à côté celui de sa fille, la duchesse de Montpensier. Le musée de Chambéry possède un petit portrait de femme avec voile et fraise blancs rappelant notre estampe. Cette peinture est signée GALEAZO PVS BONELL · F. Il possède un autre médaillon plus grand, en bronze, portant en relief un buste de femme qui ressemble au portrait du Louvre; mais au lieu d'être décolletée, la femme ici porte une fraise plus étroite que celle du petit médaillon.

(3) Elle a pour titre : Mme la Duch. de Nemours ; elle est signée L. G. en monogramme, et P. Gourdelle, excu. On lit au bas ce pauvre quatrain :

> Cette plante voiant une grande tempeste
> Qui faisoit chanceler de ça de la le lis
> Fleurit pour l'appuyer, de trois généreux fils
> Sans le secours desquels il n'eust pu faire teste.

Cette estampe a dû être gravée à l'époque ou Anne d'Est n'avait (environ 55 ans). Ces deux portraits se ressemblent. Dans chacun notamment le nez est fort, nullement aquilin ; la figure n'a aucun des traits du tableau d'Annecy ; l'air général est absolument différent. Dans le portrait du Louvre, les cheveux sont relevés et repliés sur eux-mêmes, fort simplement, au-dessus des oreilles (1) ; dans le nôtre, ils sont étagés en très courtes frisures s'arrêtant aux oreilles.

Nous pensons donc que, très certainement, le tableau d'Annecy, peinture fort précieuse d'ailleurs, n'est pas le portrait d'Anne d'Est. Ce pourrait être, pourtant, un souvenir de cette princesse commandé par son fils Henri, ou par ses petits-fils, à un peintre de l'époque de Louis XIII et accommodé par celui-ci au goût de son temps.

Nous ne dirons pas si Anne d'Est était, ou non, quelque peu bossue ; *auctores dissentiunt.* Mais, pour compléter nos indications, nous rappellerons que M. François Rabut a décrit un jeton de cuivre du Musée d'Annecy portant d'un côté les armoiries de Genevois-Nemours, de l'autre celles d'Est (2). Sur une face on voit l'écu des Genevois-Nemours avec la légende I·D·SAVOYE·DVC·DE·GENE·ET·DE·NEMOVRS. Sur l'autre est un écu partie de Savoie-Nemours et

plus que trois fils : Mayenne, du premier lit, Charles-Emmanuel et Henri de Savoie, du second, avant juillet 1595. Le monogramme L. G. est celui de Léonard Gautier. Les deux artistes qui avaient déjà fait, le 24 février 1563, le portrait de François de Guise, firent encore celui d'Anne de Lorraine, qui devint la femme de Henri Ier de Savoie. (Catalogue de la coll. Hennin.)

(1) *Bull. de l'Ass. florim.*, 1855, p. 57, 59 et la planche.

(2) *Ibid.*

d'Est-Ferrare, surmonté de la couronne ducale et entouré d'une cordelière. M. Rabut pense que ce jeton a été frappé de 1566 à 1585, c'est-à-dire durant le mariage de Jacques et d'Anne d'Est ; la cordelière, signe héraldique du veuvage, n'indiquerait-elle pas que la pièce a été gravée en 1585 ou 1586, après la mort de Jacques ?

M. Rabut a décrit encore un jeton de la Chambre des Comptes de Genevois de 1635, sous la régence d'Anne de Lorraine, veuve de Henri Ier. L'écu y est aussi entouré de la cordelière de veuve. Au revers on voit trois aiglons dans un nid, menacés par un serpent et protégés par un aigle ; autour est la légende : MATRIS· VIRTVTE· TVENTVR. Cette attestation du dévouement de la mère à ses enfants pourrait bien avoir eu pour pendant le placement du portrait de la veuve de Henri Ier de Nemours sur le tombeau de cette famille. Si l'on retrouvait le portrait de cette princesse et celui d'Elisabeth de Vendôme, le tableau du presbytère d'Annecy recevrait probablement sa véritable attribution.

ASSASSINAT DE HENRI IV ; AVÈNEMENT DE LOUIS XIII.

« Du vendredy 14 Juin 1610 fust tué de deux coups de cousteau henry 4ᵉ roi de France et de Navarre par franç. Darveillard *(sic)* d'Angoslesme à la sollicitation de l'Espagnol et du lendemain 15 du mesme mois

Louys son fils fust declayré légitime successeur de la couronne recogneu et couronné pour Roy de France. Le dict assassin (*assassinat*) fut incontinent insprimé. »

Notre chroniqueur, qui appelle Ravaillac *Darveillarc*, a écrit par inadvertance *juin* au lieu de *mai*. Ce lapsus est évident, car l'évènement qui suit est daté par lui du 6 juin (1).

FONDATION DE LA PREMIÈRE VISITATION

A ANNECY.

« Du 6 Juin 1610 jour de dimanche et feste de la tres saincte trinité sur les 9 heures du soir sont entrees en la nouvelle religion (2) de dames fondée en la presente ville d'Annessy pres des capucins, Madame la baronne de Chantar de Bourgoigne quest la belle-mere de Monsieur de Thorens frère de Monsieur de Genève, une aultre damoyselle du dict lieu de Bourgoigne (3) et la fille de Monsieur le president Favre (4) avec la plus grande constance et résolution du monde. »

---

(1) Henri IV fut assassiné le 14 mai 1610 à Paris, dans la rue de Ferronerie, par François Ravaillac, ancien moine du couvent des Feuillants de Paris, et ancien maitre d'école à Angoulême, sa ville natale.

(2) Ordre religieux.

(3) Jeanne Charlotte de Bréhard.

(4) Jacqueline Favre. Il y avait encore avec ces trois religieuses la sœur tourière Anne Jacqueline Coste.

DERNIÈRES SÉANCES D'ANTOINE FAVRE EN QUALITÉ
DE PRÉSIDENT DU CONSEIL DE GENEVOIS A AN-
NECY ; SA PREMIÈRE SÉANCE AU SÉNAT DE CHAM-
BÉRY COMME PREMIER PRÉSIDENT.

Le Premier Président Charles de Rochette avait
siégé encore le 21 mai 1610, il mourut le 28. Cet événement est consigné au registre du Sénat en ces termes :
— « Du vendredy 28ᵉ May. — Du dit jour environ une
« heure apprès midy monsieur de Rochette premier
« président de Savoye est décédé de ceste à meilleure
« vie que Dieu aye son âme en pardon, et du lende-
« main à 5 heures apprès midy a esté enterré à Stᵉ
« Marie hors ville. »

Du jeudy 8ᵉ juillet.

« Du dit jour à 8 heures du matin réception et ins-
« tallation de Monsieur Anthoine Favre en l'estat et
« charge de Premier Président céans, lequel entre
« sept et huict heures est entré et a tenu l'audience
« publique en la grande salle ordinaire de Stᵗ Domi-
« nique. »

Puis, à côté, cette note : « Anthoine Favre jà séna-
« teur dès le huictiesme jour de Janvier 1588, pre-
« mier jour d'entrée apprès Noël, auparavant Juge
« maje de Bresse et despuis jusqu'a la présente sa ré-
« ception il a été président de Genevoys. »

L'annaliste d'Annecy s'exprime ainsi :

« M. le Président Favre ayant présidé au Conseil
de Genevois l'espace de 13 ans et quelques mois a esté

choisi par S. A. (1) pour 1er président au souverain Sénat de Savoye où il est entré sans aucune faveur.

« Suyvant quoi ce mardy 6 juillet 1610 le dict sr Président Favre a tenu sa dernière audience au dit Conseil de Genevois en fin de laquelle il a dict adieu à la Ville par une fort belle harangue.

« Et le lendemain 7 du dict moys il est parti pour s'en aller à cheval accompagné de quatrevingt et dix personnes tant de messieurs de la justice, nobles, advocats, procureurs, scindiques de la ville que plusieurs aultres bourgeois à cheval, une partie desquels le suivit et accompagnat jusques à Greysi (2) et l'autre jusques à Chambéry (2).

« Et le lendemain jeudy 8 du dict Juillet il fit sa première entrée à l'audience du Sénat. »

Le cortège imposant qui accompagna le Président Favre à son départ d'Annecy et dut changer son voyage en une marche triomphale, ne fut pas la seule marque de sympathie et de dévouement qu'il reçut alors.

Nous avons retrouvé une correspondance assez étendue de Philippe de Quoëx (3) avec son frère Claude de Quoëx, premier collatéral au Conseil de Genevois, (c'est-à-dire premier juge) et collègue d'Antoine Fa-

---

(1) Le duc Charles-Emmanuel Ier.

(2) Grésy-sur-Aix à 27 kilomètres d'Annecy ; Chambéry à 46, par les routes actuelles.

(3) Philippe de Quoëx, frère cadet de Claude de Quoëx, est plus connu sous le nom de Mr de Ste Catherine, du nom d'un bénéfice qu'il possédait à l'abbaye de Talloires. Il fut l'un des confesseurs de saint François de Sales ; Charles-Auguste de Sales a raconté sa mort dans la *Vie du Bienheureux saint François de Sales*.

vre. Nous en détachons une lettre dans laquelle Philippe de Quoëx, qui était alors à Thonon, probablement à la Sainte-Maison, charge son frère, de la part de M. d'Avully (1), de demander au Président Favre s'il aspire aux fonctions laissées vacantes par la mort de Charles de Rochette et lui offre, dans ce cas, outre l'appui de son influence et de celle de son fils, un prêt de cinq mille écus pour subvenir aux dépenses qu'il devrait faire à cette occasion. Cette lettre semble indiquer que le président Favre avait des compétiteurs, même à Annecy peut-être, mais que, comme notre annaliste l'a écrit, il fut nommé *sans aucune faveur*. Voici la lettre de M. de Ste-Catherine :

« Ihs † Maria.

« Monsieur et frère.

« L'occasion qui m'incite à vous escrire cette c'est
« que Mons. d'Avully ayant été certioré *(sic)* du tres-
« pas de feu M^r^ le premier Président que Dieu absolve,
« il m'a accosté et prié de vous écrire cette par la-
« quelle il vous prie de vouloir aboucher Monsr le
« Président Favre et luy dire de sa part que s'il aspire
« aucunement à la succession du grade du susdit
« S^r^ défunt, qu'il lui offre et ses moyens, et de son
« fils qui est aupprès de S. A. et tout son crédit et
« par ce qu'il est certain qu'il faudra débourser, il

---

(1) Antoine de Saint-Michel, seigneur d'Avully, gentilhomme chablaisien, ami de saint François, qui l'avait amené à abjurer le protestantisme ; il était aussi fort lié avec le président Favre. (Voir dans *Saint François de Sales, docteur en droit, avocat*, une lettre inédite de Favre à M. d'Avully, p. 142).

« m'a dit que S. A. donne cinq mille escus à son
« dit fils desquels particulièrement il offre la dispo-
« sition au dit M^r le Président pour s'en servir en
« cette occasion en cas *ut suprà;* et moy me suis
« voullu excuser d'escrire disant que M^r le Président
« auroit plus à gré qu'il luy en toucha un mot, (car
« de premier abord il m'avait prié que j'écrivisse à
« Monsr le Prés. mais il a changé d'advis), lors il m'a
« dict que *littera scripta manet* et que si en cas que
« le dict Sr Prés. ne vouloit y entendre, que sa lettre
« se pourroit trouver entre les mains de quelqu'un qui
« jaloux ne luy voudroit point de bien et qui diroit
« que M^r d'Avully pouvoit bien faire le mesme ser-
« vice à luy comme à Monsr le Prés., et sur cette re-
« ponce me suis teu et acquiescé de vous escrire.

« Il vous plaira donc de communiquer le tout à
« M. le Président et par ce mesme porteur me faire
« reponce et je la ferai tenir à M^r d'Avully.

« Je suis toujours attendant qu'est ce que l'Anne
« veut faire de son argent ; il est toujours *in locis*
« *subterraneis* attendant sa résolution ou qu'elle le
« mande querre (1) ou qu'elle le vienne employer car
« j'en voudrois estre despestré à cause de tant de tu-
« multes qui vont naissant tous les jours, etc.

Signé : Philippe Dequoex.

« De Tonon, ce 3 Juing 1610.

« Ce porteur est de cette ville nommé Mr Lièvre
« des plus expérimentés soldats du Chablais ; l'accueil
« que luy ferèz il m'en saura du grè. »

(1) *Querre,* quérir, chercher, prendre.

M. DE BUTTET, PRÉSIDENT DU CONSEIL
DE GENEVOIS.

« Le 2 Aoust 1610 Mr du Buttet, senateur au Souverain Sénat de Savoye est venu en cette ville pour estre Président au Conseil de Genevois, et le mardy suyvant il a fait sa première entrée avec une belle harangue. »

———

PROFESSION DES TROIS PREMIÈRES VISITANDINES.

« Le 6 de Juin 1611 jour et feste de St Claude les troys premières dames cy dessus nommées qu'entrèrent en la nouvelle religion pres des capucins ont fait dicelle profession expresse entre les mains de Monseigneur le Rme evesque de Geneve et nont point changé dhabits sauf ung voyle noir qui leur couvre la teste et les espaules. A quoy assisterent Monsr le président favre et Monsr le senateur son fils (1). »

———

TEMPÈTE A GENÈVE.

« Le jeudy 23 Juin 1611 environ les 7 heures du soir la tempeste tomba si rude en la ville de Geneve et lieux circonvoysins quelle endommageat grandement la ville gastat entierement les fruicts arrachat plusieurs arbres et fist une infinité d'aultres maux. »

(1) René Favre, dit de la Valbonne, qui plus tard fut aussi Président du Conseil de Genevois.

ENTRÉE DES RELIGIEUSES DE LA VISITATION
DANS LEUR NOUVELLE MAISON.

« Le mardy 30 8ᵇʳᵉ 1612 les dames qu'estaient entré en religion le 6 Juin 1610 en la mayson du sʳ de la Pesse près des capucins quelles havaient choisi ont changé de logis et sont venues loger dans la ville, en la mayson qui fust du feu sʳ de Gemilly quelles ont achepté (1) où on a fait ung petit oratoyre. Elles y sont entrées le jour susdit envyron les 6 heures du soir au nombre de 13 quelles estoient desia (2), accompagnées de Monseigneur le Rᵐᵉ Evesque de Genève. »

ARRIVÉE DU DUC DE GENEVOIS ET DE NEMOURS
A ANNECY.

« Le 29 Juin 1614 Monseigneur le duc de Genovoys et de Nemours est arrivé en la ville DAnnessy ou il navoit esté sont 14 ans escheus. »

Il s'agit de Henri Iᵉʳ de Savoie, second fils de Jacques de Savoie et d'Anne d'Est, qui mourut le 10 Juillet 1632.

(1) De Philippe Nicolin, avocat au Conseil de Genevois. (Bougaud, *Hist. de sainte Chantal*, I, p. 519.

(2) Ces religieuses étaient : Mᵐᵉˢ de Chantal, Favre, de Bréhard, Claude-Françoise Roget, Marie-Péronne de Chastel, Marie-Marguerite Milletot (de Dijon), Claude-Marie Thiollier, Claude-Agnès de la Roche, Marie-Aymée de Blonay, Marie-Adrienne Fichet, Marie-Marthe Legros, une douzième, et la tourière, Anne-Jacqueline Coste.

LES BARNABITES PRENNENT POSSESSION
DU COLLÈGE D'ANNECY.

« Le sammedi 5 Juillet au dit an (1614) les Berna-
bystes ont prins possession du collège dAnnessy. »

M. DU COUDRAY, PRÉSIDENT AU CONSEIL
DE GENEVOIS.

« Le 2 Septembre 1614, noble et spectable Charles
Emmanuel du Coudray a esté receu (après plusieurs
difficultés) président au Conseil du Genevois, et le
lendemain il est entré en audience. »

Dans un article de la *Revue savoisienne* (1885,
p. 21), M. Cl. Blanchard, greffier en chef de la Cour
d'appel de Chambéry, a indiqué quelles étaient les
difficultés auxquelles notre chroniqueur fait si dis-
crètement allusion.

Du Coudray, simple avocat au Sénat, avait été
nommé président du Conseil de Genevois par lettres-
patentes du duc de Savoie du 30 mai 1614, puis sénateur par d'autres lettres du 14 juin suivant ; mais
comme il n'avait pas exercé sa profession durant sept
années, qu'il n'était pas âgé de trente ans et qu'il
n'avait pas été présenté aux fonctions de sénateur
par le Sénat lui-même, ce corps refusa d'autoriser ses
patentes.

Le souverain, qui avait accordé ces charges à du
Coudray pour plaire au duc de Nemours, dut envoyer

deux lettres de jussion au Sénat pour lui imposer l'en-
térinement des lettres-patentes. Cette formalité eut
lieu le 26 août; le nouveau magistrat fut installé le
même jour au Sénat, et le 2 septembre au Conseil de
Genevois.

M. Ducis nous apprend que Ch. Em. du Coudray
se noya le 8 juillet 1617, en se baignant dans le lac
d'Annecy (1). Il eut pour successeur René Favre de
la Valbonne.

FUNÉRAILLES DE SAINT FRANÇOIS DE SALES

A ANNECY.

« Le mercredy 28 Décembre 1622 (2) jour et feste
des S Innocents est trepassé Rᵐᵉ Sʳ Francois de Sales
evesque et prince de Geneve dans la ville de Lyon s'en
revenant d'ung voyage qu'il avoit faist en Avignon
d'avec S. A. qui estoit allé au dit lieu d'Avignon faire
certaines conférences avec le Roy de France (3) à son
retour de la guerre du Languedoc.

« On tient pour asseuré que le Sʳ Evesque a faict
des miracles tant en sa vie qu'apprès sa mort en sorte
qu'a son trépas teut le peuple de Lyon y accouroit pour
avoir quelque part de ses habits jusques mèsme à luy
couper ses cheveux qu'ils tenoient pour des sainctes
reliques. Il mourut de mort subite par le moyen d'une

(1) *Revue sav.*, 1885, p. 35.

(2) Il y avait d'abord janvier 1623, et au moyen d'une surcharge
l'annaliste a écrit décembre 1622.

(3) Louis XIII.

apoplecie. On luy tirat grande quantité de sang qui fut soigneusement recueilly par les Lyonnois s'estimant fort heureux ceux qui pouvoient en recueillir une goutte.

« Ce qui donnat occasion aux Lyonnois de le vouloir garder et nous le refuser.

« Cependant on fist ses obsèques solennellement en ceste ville d'Annessy et en touttes les esglises de la ville auxquelles a toujours assisté R^me Sr J. françois de Sales son frère qui auoit esté consacré il y a 2 ans dans la ville de Thurin evesque de Calcédoine ayant succédé à l'Evesché de Geneve.

« Et ce que se fist de plus remarquable aux susdites obsèques ce fust en l'eglise St Dominique ou elles furent faictes le lundy 9e de janvier.

« Audevant la grande porte de ladite esglise estoit l'image (1) du S^r R^me evesque couverte d'un creppe noir et au-dessoub les armoyries de sa mayson et plus bas ces parolles :

« Cecidit corona capitis nostri
« Vœ nobis quia peccavimus.

« Audedans de l'esglise la chere estoit toutte couverte de noir des le dessus jusques au fond et dans icelle estoit une chapelle ardente au dessous de laquelle estoit cest escript

« Lux extincta lucet.

« Dans le cœur furent faictes les funérailles on l'on avait préparé un théâtre à main gauche du cœur pour monseigneur le R^me Evesque.

(1) Le portrait.

« Le Dimanche 22 de Janvier on a aporté en ceste
ville le sᵗ corps de nostre evesque. Le corps de la ville
luy est allé au devant jusques à Gevrier. Le clergé de
Nostre Dame l'est allé recepvoir au pont des Jarnons
(1) ou tout le peuple de la ville a accouru en grande
diligence. Et fust porté dans l'église du Sépulchre ou
il reposat le lundy et jusques au mardy.

« Monseigneur de Genève avec tout le chappitre de
Sᵗ Pierre le vinrent voir le jour de son arrivée en
ladite esglise du Sepulchre ou il fust aussi visité par
les habitants de la ville lesquels y couroient en grande
affluence.

« Le mardy (2) matin on couvrit le corps de ce Sᵗ
Prélat d'ung grand voyle de tafetas blanc couvert
d'une grande croix de clinquant d'or puis fust apporté
dans l'esglise de Sᵗ François dessous ung daix du
mesme taffetas auquel estoit le Sᵗ nom de Jesus en
broderie en quatorze endroits. Le dit daix estoit porté
par les quatre scindicques de la Ville et le Sᵗ corps
par six Bernabites avec fort grande révérence. Suyvoient les confrères de la Sᵗᵉ Croix, les pères Capucins,
les religieux de Sᵗ François, ceux de Sᵗ Dominique,
ceux du Sepulchre, les Sʳˢ Chanoines de Sᵗ Pierre
et de Nostre Dame. Il fust accompagné de treize
cierges de cire blanche et pour ses armoyries estoit le
Sᵗ nom de Jesus dans un cœur percé de deux flèches,

(1) Des Arnons, d'après Ch.-Auguste de Sales. Le pont des
Arnons ou d'Isarnon, sur un petit ruisseau à 300 ou 400 mètres à
l'ouest de l'église du faubourg du Sépulcre.

(2) Ce fut donc le mardi 24 janvier 1623 qu'eurent lieu les princi-
pales cérémonies des funérailles.

à forme de son testament (1). L'accompagnoient encoures vingt-cinq pauvres auxquels on donnat du dract et des solliers.

« Il estoit suyvi par apprés de Monsr le R^{me} de Genève son frère de tous ses parents du Conseil en corps et de toutte la justice et de tous les habitants de la ville en tres grand nombre.

« A la porte de l'esglise y avait plusieurs épitaphes et anagrammes et oultre une image dans laquelle estoit despeint un grand lyon (lion) a gueule ouverte et un evesque couché sur une truitte. Ceci signifioit que la ville de Lyon dans laquelle le St Prélat estoit décédé l'avoit regorgé contre son gré et l'avoit jecté sur ceste truitte par laquelle est signifiée la ville d'Annessy (2).

« On fist l'office dans la dite esglise de St François et fust la messe dicte par monseigneur le R^{me} son frère après laquelle l'orayson funèbre fut faicte par le R^d père provincial des Capucins (3).

« A l'entrée du cœur de la dite esglise estoit l'image de ce saint prélat et au dessous l'image d'ung agneau pascal avec cest escript :

Mitis, humilis, utilis.

« Le saint corps fust reposé dans le cœur de ladite esglise sur un grand théàtre que l'on avait mis au

---

(1) L'évêque avait ordonné de n'employer à sa sépulture que des écussons portant le nom de Jésus. (*Hist. du Bien. Fr. de Sales.* t. II, p. 265).

(2) Les armoiries d'Annecy portant une truite en champ de gueule.

(3) Philibert de Bonneville, suivant Ch.-Aug. de Sales

milieu de ladite esglise avec plusieurs escripts tous tirés de la Ste Escripture.

« Apprès l'office et l'oraison funèbre chascun se retira jusques sur les sept heures du soir que ce saint corps fust porté dès ceste esglise à celle de la Visitation de Nostre Dame par les religieux de St Fràncois accompagnés du Clergé de St Pierre et de Monseigneur le R^{me}. Et fust reposé auprès de l'autel paré et environné d'ornements de tafetas blanc. »

Après ce récit qui paraît n'avoir d'autre prétention que celle d'être un procès-verbal exact, il nous a paru intéressant de publier celui d'un auteur contemporain, le P. de La Rivière qui cherche au contraire à mettre son style à la hauteur de la pompe déployée et à l'unisson de la tristesse des assistants (1).

Après avoir raconté que le marquis d'Urfé quitta son château de Virieu-le-Grand pour venir vénérer le corps de l'évêque, il ajoute :

« Petit à petit on se rapprocha d'Anessy et on mit reposer le sacré corps hors la ville en l'eglise du St-Sepulcre pour donner loisir de préparer ce qui était requis à la pompe funèbre. Il n'est pas possible d'exprimer comme au premier coup de cloche qu'on sonna à cette arrivée, toute la pauvre ville s'émeut, vous eussiez creu qu'on la menait en transmigration, tout court au devant, les maisons demeurent désertes, ce ne sont que pleurs, que cris, que lamentations, que sanglots, que doléances, que complaintes.

« Quelques jours après, on fit les obsèques solen-

---

(1) Le P. Louys de La Rivière : *La vie d'Ill^{me} et Rèv^{me} François de Sales*, p. 67.

nellement, Mgr le R^me Jean François de Sales, successeur de son bon frère en l'evesché de Geneve, alla prendre le corps revestu pontificalement, et eut le courage de faire l'office, le chapitre de la cathedrale le suivit avec toutes les croix des églises et monastères. Le corps de la Justice, le corps de la ville, tout le peuple s'y trouva en habit convenable, et spécialement messieurs les tres illustres frères, neveux et parents du deffunct en appareil lugubre. Les cloches sonnaient à cadence de deuil, la musique se mesuroit à tons et à pauses mornes, languissantes, sombres et tombantes à cœur failly, ainsi tout bellement le convoi arriva à l'église sainct François ou l'on deschargea le doux et agréable fardeau au milieu de la nef, sur un lict d'honneur paré de taffetas blanc, et sous un ciel ou dés de semblable étoffe : à costé droict de la bière couverte pareillement d'un grand drap de soye blanc, on posa la mittre sur un oreiller de drap d'or frizé; et a costé gauche la crosse aussi sur un oreiller de drap d'or frizé; autour du lict d'honneur etoient rangés treze chandeliers d'argent portans chacun son flambeau allumé de cire blanche, avec les escussons du sacré nom de Jésus, effigiés en caractères d'or sur des cœurs de gueulles (1) transpersés à droicte et à gauche de deux dards dorez se croisans; et on ne voulut augmenter le nombre des flambeaux, ni y appliquer les armoiries de sa maison, d'autant que par son testament (2), il l'avoit deffendu très expressément. Vis à vis et de front estoit appendu en haut contre un

(1) C'est-à-dire de couleur rouge.
(2) Larivière, p. 646.

tapis le portrait au vif de ce bienheureux prélat, ce
qui resjouit quelquement, modéra les inexplicables
regrets de l'assemblée ; de part et d'autre du cercueil
demeurèrent assis durant la cérémonie deux chanoines
revestus de rochets, de chappes et de mittres. La
grande messe se celebra cependant à l'episcopale par
le susdit revme seigneur Jean François de Sales, et le
Rd Philibert de la Bonneville, provincial de l'ordre
des Capucins, prononça l'oraison funebre avec beaucoup de ressentiment de devotion, de douleur et de
pitié.

« Finalement on porta le corps sainct dans l'esglise
des Dames de la Visitation d'Anessy, et là tout auprès
du Maistre Autel à main droitte en entrant on lui a
donné repos contre la muraille, dans un Sépulcre à la
Catholique, embelli de colomnes de marbres, d'épitaphes et des tesmoignages de la singulière et rare
dilection de Messieurs ses frères en son endroit. »

LA FOUDRE MET LE FEU AUX TOURS
DU CHATEAU D'ANNECY.

En 1628, l'annaliste qui avait terminé les pages
blanches mises à la suite des *Statuta sabaudiœ,* est
ému d'un incendie allumé par la foudre au château
d'Annecy, et il utilise pour rappeler cet évènement
une page restée en blanc au commencement de sa
chronique.

« Le sammedy 20 Juin 1628 environ les neuf heures

du soir la fouldre tumbat en ung mesme instant sur les deux grandes tours du chateau de ceste ville dAnnessy *et abbatit les deux giorettes (sic) dicelles,* puis mit le feu aux pommeaux ou pilliers qui soustiennent les dictes giroettes *(sic)* qui desmeurerent allumé jusques environ une heure appres minuit *Ce qui donna ung grand effroy a toute la ville;* et ce doubtoit on que ce feu nembrasat le reste de la ville Mais par la bonté et misericorde de nostre Seigneur fust esteint avec grande peyne et difficulté.

« LAUS DEO. »

TABLE DES MATIÈRES

___

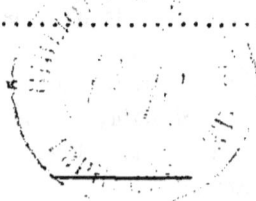

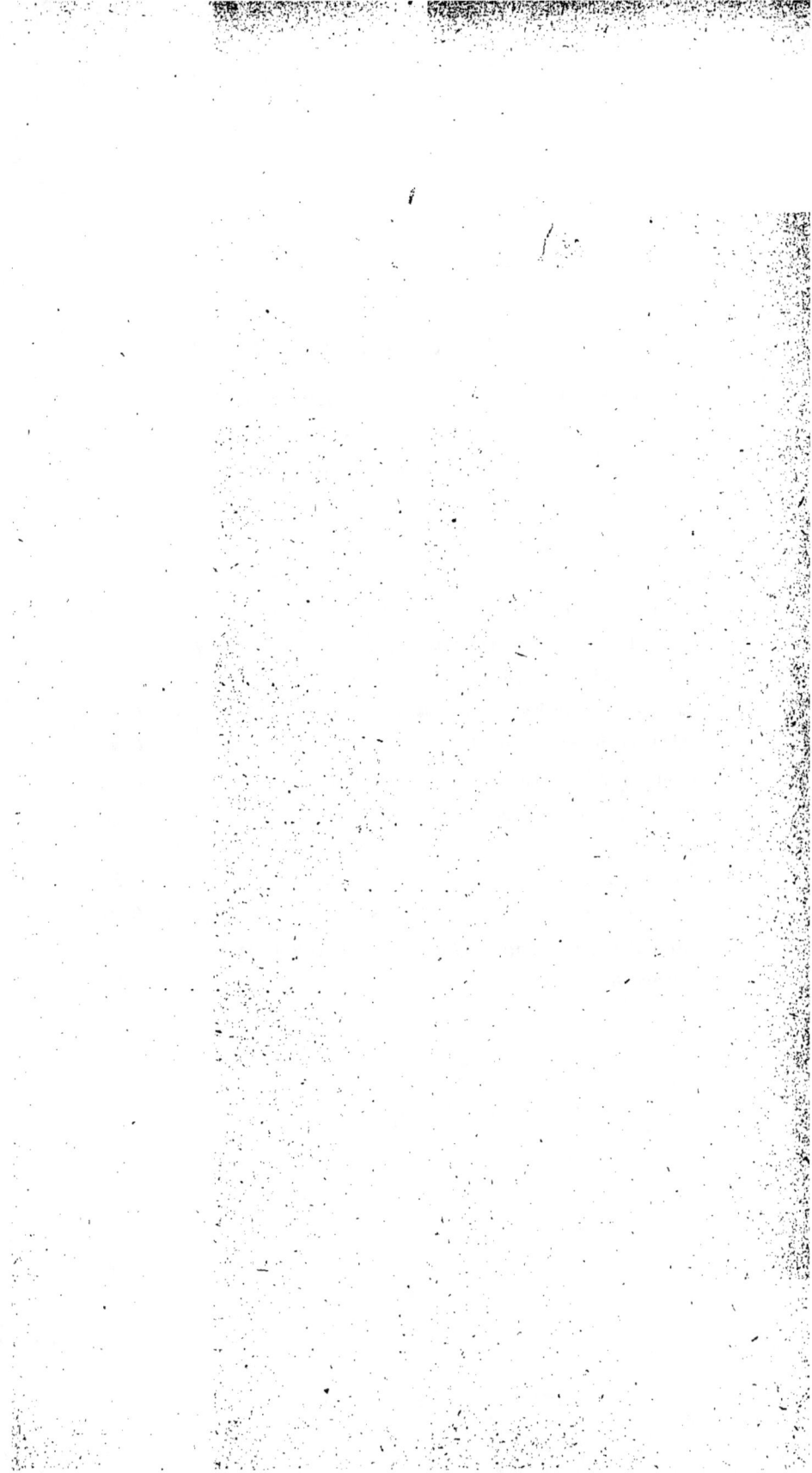

DU MÊME AUTEUR :

En Vente *aux librairies* Perrin *et* Robert, *à Chambéry ;*
Abry *et* Gravier, *à Annecy ;* A. Brun, *à Lyon ;*
Lechevalier, *quai des Grands-Augustins, 39, à Paris.*

---

www.ingramcontent.com/pod-product-compliance
Lightning Source LLC
La Vergne TN
LVHW022119080426
835511LV00007B/915